나 당신 묻고
아직 밥 먹고 사네

나는 말하겠지요
정말 사랑했었다고
그리고 영원히 간직하겠다고
당신의 모습을…

시 박득용
1952년 생
(현)용인컨트리클럽회장

그림 조연진
홍익대학교 동양화과 졸업.
Parsons School of Design MFA

나 당신 묻고 아직 밥 먹고 사네

2015년 09월 21일 초판 1쇄 인쇄
2015년 11월 10일 초판 2쇄 발행

시 박득용 | **그림** 조연진 | **펴낸이** 장진혁 | **펴낸곳** 형설라이프
주소 경기도 파주시 회동길 37-23 | **전화** (031) 955-2336, 2351, 2361
팩스 (031) 955-2341 | **등록** 101-90-79500 | **홈페이지** www.hslife.co.kr

ⓒ 박득용 All Rights Reserved.

ISBN 978-89-6621-496-9 03800

이 책의 한국어판 저작권은 박득용에 있습니다.
저작권법에 의해 보호받는 저작물이므로, 무단 전재와 무단 복제를 금합니다.

이 도서의 국립중앙도서관 출판시도서목록(CIP)은 서지정보유통지원시스템 홈페이지(http://seoji.nl.go.kr)와
국가자료공동목록시스템(http://www.nl.go.kr/kolisnet)에서 이용하실 수 있습니다.(CIP제어번호:CIP2015024401)

나 당신 묻고
아직 밥 먹고 사네

시 박득용 | 그림 조연진

형설Life

시인의 말

　　　　이 책을 통하여 누구에게 무엇을 전달하려고 하는 것은 아닙니다. 더욱이 누구에게 위로를 받기 위함도 아닙니다.
　　　　내가 유일하게 할 수 있는 당신에 대한 그리운 표현을 이 책에 담아 연기로 날린다면 저 먼 하늘에서 당신이 조금이나마 덜 외롭지 않을까… 아니, 그러면서 내가 아직도 당신을 생각한다는 하나의 증거물(?)로 나도 조금 덜 외롭고자 하는 내 자신의 위안인지도 모르겠습니다.

　　　　내 젊은 인생을 가장 절망의 골짜기로 내몰았던 나의 잃은 팔… 하지만 그 절망의 고통이 달콤하리만큼 느끼게 한 당신의 멈추어진 휠체어…. 그 휠체어에 기대어 움직였던 당신의 모습은 타인의 눈에 한없이 왜소하게 보였을지 몰라도, 우리 가족에게는 없어서는 안 될 큰 존재였다는 것을 이제야 느낍니다.
　　　　20년을 산소 줄을 낀 채 생활하면서도 당신의 고통을 그 작은 휠체어 의자에 숨긴 채 우리에게 줄 마지막 희망의 촛불을 태우기 위하여 얼마나 힘들었을까…. 수차례 병원 응급실에 달려가 '死'의 골짜기를 넘나들면서도, "여보, 나 또 살았어" 하며 지었던 담담한 미소는 아직도 가슴을 메이게 하는데…
　　　　수차례 죽음을 목전에 둔 고비에서 너무나 초연한 당신

이었기에 언젠가 이별의 날이 올 거란 생각을 하면서도 또 '회복하겠지…' 라는 막연한 생각만 하며 살았는데, "여보, 이제 나 가요…" 라는 말 한마디를 남긴 채 마지막 입맞춤의 온기만 남겨두고 영영 가버린 사람…

보낼 줄을 알고 있었어도 보낼 거라는 생각을 미처 못하였기에 난 하염없이 나만의 '死'의 골짜기를 걷고 있습니다… 당신의 흔적을 찾아, 내 마음의 위로라도 해보려 했지만 그 방황으로도 당신을 대신 할 수 없기에 이렇게 내 마음의 작은 글로 당신이 날 잊지 않고 기다릴 수 있게 발버둥 치며 살아가고 있습니다.

여보.

아직도 내 마음속의 당신 있던 자리는 텅 비어있는데, 나 아직 잠자고, 깨어나고, 간혹 웃기도 하고… 아직도 밥 먹고 살고 있는 것은 당신을 조금이라도 잊어서일까요? 그런 두려움에, 서글픔에 오늘도 뒤척입니다.

차 례

06　　시인의 말

記憶 기억

14　　나 당신 묻고 아직 밥 먹고 사네
16　　당신의 모습
17　　이별 1
18　　기억
20　　기다림
22　　사랑해도 될까요
24　　사랑의 아픔
26　　눈물 1
28　　체념
30　　당신의 흔적 1
31　　당신의 흔적 2
32　　정지
34　　혼자만의 추억
36　　욕심
37　　당신자리
38　　미궁
40　　미련

41 갈망 1
42 이름 세 글자
44 간직

痕迹 흔적

48 알 수 없는 그리움
50 윤회輪廻 1
52 하늘
54 갈망 2
55 세월 1
56 속물
58 발자국
60 이별 2
61 눈물 2
62 착각
64 작야번민昨夜煩悶

65 고목枯木
66 빗속에서
68 인생길 1
70 공허空虛 1
71 흐름
72 인생의 뒤안길
74 허울
76 공허空虛 2
78 마지막 안간힘

生 생

82 세월 2
83 바람
84 텅 빈 골프장에서
86 無
87 보따리
88 삭막
90 아프다
92 바보
93 나와 나

94 상처 받은 마음

95 황혼

96 마지막 잎새

98 죽음 1

100 겨울밤 1

101 울타리

102 삶의 굴레

104 겨울밤 2

105 나의 인생사

106 인생길 2

108 삶의 풍파 속에서

109 나의 갈 길

110 기도祈禱

112 빈손

114 인생人生

116 후회

118 죽음 2

119 윤회輪廻 2

120 세상은 나 혼자

122 서평

나 당신 묻고 아직 밥 먹고 사네

나 당신 묻고 아직 밥 먹고 사네
당신의 고운 몸 땅속에 묻고
얼마나 울었고
얼마나 비통해 했던가
찢어지는 가슴에 숨통마저 막혀
숨조차 쉴 수 없었건만
차곡차곡 쌓여있던 추억이
날마다 하나씩 들쳐지며
얼마나 힘든 날들이었던가
살아갈 수 없는 마음에
이제 세상의 인연도
나에게는 끝이구나 생각했건만

이 핑계 저 핑계로
나 당신 묻고
아직도 이렇게
밥 먹고 살고 있네

당신의 모습

가까이 하기에 너무 아름다운 당신이기에
조용히 눈 감은 채 당신의 채취에 젖어 봅니다
신이 나에게 조금의 용기를 더 주셨더라면
당신의 주변에서 빙빙 돌지만은 않았을 텐데
멀리서 그저 쳐다만 보는 내 자신 너무 초라해
그제도 어제도 오늘도 또 이렇게 흘려보냅니다
세월의 시간을…
아마도 내일도 모레도 또 이렇게 보내겠지요
정말 용기 없는 내 자신
세월이 한참 흘러 당신이 그 자리를 떠나게 되면
그때서야 당신이 머물던 텅 빈 자리에 찾아와
나는 말하겠지요
정말 사랑했었다고
그리고 영원히 간직하겠다고
당신의 모습을…

이별 1

그대 가실 때에는 말없이 가세요

수많은 이야기를 주고받았던 우리의 지난날
행복했던 순간들의 대화를 기억하고 싶은데
너무나 많은 이야기를 되뇌는 순간순간들이
이제는 마음의 강을 이루어
내 가슴 모든 것이 감당하기조차 힘든
홍수를 이루네요

일엽편주 내 자신조차 태울 수 없는
내 모습이 너무 초라해지네요
행복한 순간만을 기억할게요
내 자신이 초라해지면 우리의 추억도 초라해지잖아요
이별의 대화는 행복한 것이 아니잖아요

이제 더 이상…
그대 가실 때에는 말없이 가세요

기억

꿈이었나요
훌쩍 지나버린 시간 속에
행복의 느낌을 찾기도 전에
아쉬움이 더하네
그래도 잠깐 잠깐 돌이켜 보면
떠오르는 따뜻함과 포근함
살며시 미소 짓는 내 마음은

오직 한 사람에게만
간직한 비밀

기다림

나 기다릴게요
기다리고 또 기다릴게요
다시는 두 번 다시 올 수 없어도
나 기다릴게요
그냥 기다리고 싶기에 기다릴게요
마음이 너무 텅 비어서 기다릴게요
기다리다 기다리다 지쳐버리면

그때는 마음속 깊이 간직했던 당신
꺼내 볼게요

사랑해도 될까요

나 당신 사랑해도 될까요?
당신과 내가 하나가 되던 날
행복하면서도 떠나지 않는 불안함
인생을 살면서 남겨진 상처 때문일까?
참으로 오뚝이처럼 쓰러지면
또 일어서면서 살아왔건만
이제는 이것이 마지막이란 생각
나 욕심부리지 않을게요
그냥 마음속에 간직한 채 잠시 잠시만
당신 곁에 머무는 것으로 만족할게요
이제는 더 이상 당신마저 잃게 된다면
이 세상 어디에도
내가 설 자리가 없을 것 같아요
돌아서 갈 길이 없기에
그냥 앞으로 가렵니다
설령 그 길이 잘못된 길이라도
후회 없이 가렵니다
황혼이 지고 세상이 깜깜한 어두움 속에 잠길망정

망망대해에 길 잃은 조각배가 등대 빛을 찾아가듯
나 또한 당신의 빛을 찾아
그렇게 가려 합니다
당신과 때론 어렵고 힘들겠지만

그래도 나
당신 사랑해도 될까요?

사랑의 아픔

너무너무 슬프고 아파요
너무 슬프고 아파서 막 울어 봐요
지구의 종말이 온다고 해도
이렇게 아프진 않을 거예요
무엇이 나를 이렇게 슬프게 하는지
무엇이 나를 이렇게 아프게 하는지
보이지도 않아요
찾을 수도 없어요
실체도 없는 것이
내 마음속 깊이 자리 잡고 있어요
꺼낼 수가 없어요
뺄을 수도 없어요
그저 그냥 참아야 하는데 너무 아파요
너무너무 아파 죽을 것 같아요
이게 사랑이라면
이제 두 번 다시 하지 않을 거예요
너무 힘이 드니까

눈물 1

나 당신 앞에서 울고 있네요
남들 앞에서는 한 번도 눈물 보이지 않던 내가
당신 앞에선 참지 못하고 눈물 보이네요
무엇인 줄은 모르겠지만
그냥 이렇게 눈물짓네요
가슴이 답답해지네요
말로 표현조차 할 수 없는 그 무언가가
나를 이렇듯 아프게 하네요
당신을 사랑하기에 때론 말로 다할 수 없음이
눈물 되네요
당신 아시나요?
내 눈물이 무엇을 말하는지
몰라도 괜찮아요
세월이 지나면 알 수 있을 테니까
내 눈물이 헛되지 않기를
오늘도 간절히 기도해 봅니다

체념

당신을 위해 내가 할 수 있는 일이 없기에
이렇게 마냥 손 놓고 있지만
그런 내가 편치만은 않습니다
당신을 위해 내가 할 일조차 없기에
이렇게 마냥 허공만 바라보지만
보이는 것은 아무것도 없습니다
안개가 자욱이 피어오르다 걷힌 후
답답한 시야는 보일지 모르겠지만
이 내 마음 안개가 걷힌 후에도 어둡답니다
한동안 목 놓아 운 후에
밀려오는 피곤함을 참지 못한 채 잠들었던 어린 시절처럼
따뜻한 양지의 포근함 속으로
이 작은 몸 이끌려 가고 싶지만
이제 그것마저 허락되지 않는 이 몸

천진함은 나에게 사라진지
오래된 꿈인 듯싶습니다
세파의 그곳에서 오염될 대로 오염된 내 자신
순수함이란 단어조차 흉내 낼 수 없기에
그저 마냥 이 자리에서
당신을 위해 할 수 있는 일이 없기에
안타까움에 몸부림쳐
눈시울 적셔봅니다

당신의 흔적 1

당신이 그리워지네요
여전히 미운 사람이지만
때로는 듣고 싶네요
당신의 음성을
일요일,
당신의 흔적이 있는 곳 지나오네요
애써 외면해 보지만
지나온 후에 더욱 그리워지네요

내게도 이런 사람이 있었지 생각하니

그렇다고 놓았던 인연의 끈을
잇고 싶은 것은 아닙니다

그냥 어떻게 지내나 궁금하네요
한참 후 다시 찾는 서울 하늘은 달라질는지

당신의 흔적 2

문득문득 보고 싶네요
시도 때도 없이 생각나네요
이제는 먼 하늘 보기도 겁나네요
당신의 모습이 자꾸 아른거려서요
이제는 조용히 있기가 겁나네요
당신의 음성이 자꾸 들리니까요

세상엔 내가 없어요

온통 당신의 흔적만
가득 남아있어요

정지

바람에 휘날리는 당신 모습이 너무 아름다워
멍한 눈으로 한동안 당신의 모습에 도취된 채
시간의 흐름을 정지시킨 채
그냥 그렇게 마냥…
하지만 휘날리는 당신의 머리카락 속에서
언뜻 비친 다이아몬드 같은 이슬방울은 왜일까?
아름다운 당신에게도
남몰래 감춰둔 슬픔이 있었을까
달려가고 싶지만
나는 그냥 그 자리
이 자리에서 당신의 아픈 추억 만져
내 마음속에 깊이 간직한 채
움직임 없는 당신의 지금 그 자리를
깨고 싶지 않음에
다시 한 번 시간의 흐름을 정지시킨 채
언제까지나
이 자리에 서 있네

혼자만의 추억

비 오는 날 한 사람을 보내네요
참으로 다행이네요
애써 감추고 싶은 눈물이기에
빗줄기 속에 그냥 보이지 않으니까요
마음속에 몰래 감추어 놓은 채 지낼 수 없었기에
혼자만이 간직한 한 추억
이 한 추억이 이제는 과거의 지난날이 되어감이
왠지 또 다른 아픔에 파문되어
조용히 밀려오네요
커다란 쓰나미처럼 거대하지는 않지만
이 조용히 밀려오는 파문도
내 마음에서 점점 커져 갈 듯싶네요

한 세월 흐른 뒤 언젠가
언젠가 그날이 오면
나 조용히 마지막으로
마음속에 간직한 당신
한번쯤 꺼내 보렵니다

욕심

세상 사람들이 나보고 애처가라네요
살아생전 사랑했고
떠나보낸 후에도 잊지 못한다고
그런 사랑 해 보고 싶대요
나더러 정말 아름다운 사랑의 추억이 있기에
그래도 행복하대요
나 정말 당신에게 잘했을까요
나 정말 당신 위해 그리워하고 있을까요
그냥 내가 좋아 내 욕심으로 사랑했고
그냥 당신을 잊는 내 자신이 미워서
당신을 잊지 않는 것이 아닐까요
모든 것이 당신을 위함이 아니라
내 욕심이 아닐까요

그래도 당신
사랑합니다

당신자리

세상에 미련 없이 누구에게도 부담이 싫어
한 줌의 재로 돌아가고 싶다 했지만
그렇게 할 수 없었기에
한 줌의 흙으로 돌아가라 했네
살아생전 산은 한 번도 가본 적 없기에
아니 갈 수가 없었기에
한 번쯤 높은 곳에 올라가
세상 내려다보라고
아주아주 높은 곳에 당신 뉘였네
하지만 무슨 소용 있으리오
당신 홀로 있는 것을

미궁

한 사람을 보냈네요
아픔만 준 채로
또 한 사람을 보냈네요
죽음이란 곳으로
그런데도 아직 모르겠네요
내가 살아가고 있는 삶조차를
이제는 생각조차 하고 싶지 않네요
앞으로의 내 인생을
내 뜻대로 되지 않는 것이
내 인생이란 것을 깨우쳐버리면
나는 정말 어떻게 살 것인지
그저 하루하루를 연명해 가는
아무것도 아닌 나
무엇을 위해서 무엇을 하려고 노력을 한들
내 뜻대로
아니 천만에
세상은 내 뜻대로 될 것이
정말 아무것도 없어요

태어날 때부터 내 뜻이 없었고
죽음도 내 뜻대로 되지 않는데
그 과정이 과연 내 뜻대로 된 것일까
아니지요
정말 내 뜻이 아니지요
둘이 만난 사랑마저도
내 뜻대로 되지 않는데
세상살이 내 뜻대로 되었을까요
내가 내 자신을 지배 못 하는데
세상 뜻을 이해할까요

미련

한순간 한순간들이 편함이 없었는데
끝없이 펼쳐지는 고난의 연속성에서도
이렇게 살아갈 수 있음은
아직도 남아 있는
삶의 미련일까요
그것도 아니라면
주어진 운명의 연속일까요
한없이 빠져드는 외로움 속에서
그래도 그 무엇인가 찾아보려고 애써보지만
그저 마음속에 맴돌음은 아픔일 뿐
세상의 모든 것이
자신만만했던 그 시절 속으로
이제는 영원히 돌아갈 수 없음은
그 사람 내 곁을 떠남이련가

소리 내어 울지도 못한 채
가슴속에 커다란 시냇물 되어 흘려보내네

갈망 1

한순간 한순간이 빛처럼 지나가네요
자꾸만 텅 비어만 가는 마음은 달래지지 않네요
특별히 찾을 것도 없는데
무언가를 갈망하는 목마름은
시간이 지날수록 목이 타들어 갈 만큼
갈증으로 변해 가네요
매달리고 싶네요
미치도록 달려가고 싶네요
지금의 이곳이 어딘지는 모르겠지만
정말로 벗어나고 싶네요
불현듯 찾아오는 반기고 싶지 않은
나도 모르는 방문객
밀쳐내고 싶은데
끊임없이 내 곁에 맴도는
그 고독함과 외로움

이제 정말
행복해지고 싶은데…

이름 세 글자

한마디 말도 못한 채
이대로 안녕을 고했어요
아름다웠던 추억들을
차창에 스쳐 보내듯
이제는 점점
멀리 보내야 하네요
세상에서 가장 아팠던 순간에
가장 아름다운 기억을
그냥
이름 세 글자
간직한 채 가네요
이제 아무도 보지 못하게
가슴 깊이 간직한 이름 세 글자
꼭 꼭 간직하다
정말 그리우면
불러 볼게요

이렇게요…

간직

한없이 미워 잊으려 했고
너무 가슴 아파 지우려 했네요
그런데 잊혀지지 아니할수록 생각남은
한순간이라도
당신을 진정 사랑했기 때문이겠지요
차라리 잊혀지지 못할 거라면
아프기 싫어

그냥 간직하렵니다

알 수 없는 그리움

그립네요. 그 무언가…
그런데 모르겠어요. 그 무언가…
그저 가만있으면 가슴이 텅 비어 가고
머릿속은 백지로 변해 가네요
가슴은 저미도록 아프고
그리움은 무섭도록 밀려오는데
무엇에 대한 그리움인지 모르겠어요
항상 혼자라는 관념으로 변한 지 오래되었건만
혼자라는 것이 싫네요
그런데 혼자가 싫어 별짓 다 해 보지만
결국은 처음부터 혼자인 것만도 못하네요
애당초 찾을 수 없는 것인 줄 알면서도
찾으려고 애쓰는 나는
또 다른 이에게 아픔을 주고

또 다른 이에게
슬픔을 주면서 후회하네요
그러면서도 갈가리 찢겨지는 마음을 부여잡고
오늘도 웃음 없는 세월의 늪으로 자꾸자꾸
깊이깊이 빠져 들어가네요

윤회輪廻 1

한 사람이 오네요
저기 또 한 사람이 오네요
수없이 끊임없이 오는 사람들
한 사람이 가네요
저기 또 한 사람이 가네요
수없이 끊임없이 가는 사람들

오고 감의 머무름이 없는 곳에 그저 오고 갈 뿐
돌고 도는 것이 인생이라 하지만
참으로 인생의 굴레에서 벗어날 수 없는 윤회
그곳에서 무언가를 찾기 위해 발버둥 치는 사람들

성공, 사랑, 명예, 부…
무엇이 가장 잘 얻었다고 내어놓을 수 있는 것일까
그렇게 수없이 많이 오고 가듯이
언제나 목적도 없고 의도도 없이
아니 태어남조차도 모른 채 왔듯이
이제 가고 싶지 않아도 가야 할 길

자신의 의도와 전혀 무관하게 떠날 시간에
나는 무엇을 얻었다고 할는지

나 또한 그날
그저 오고 갈 뿐이었다 할까

공수래공수거

하늘

마음속에 새겨진 아픔이 있기에
그냥 남아 있을 뿐인데
지우려고 애쓴들 지워질까요
그저 상념 없이 바라보는
저 하늘이 슬픔이 아닌 날

나는 그래도 그 자리에
서 있으리

갈망 2

마음이 아파 우는 게 아니요
세상살이 고달파 우는 것도 아니요
너무너무 속상해 우는 것은
더욱 아니랍니다

그냥 눈물이 나네요
세월이 지나 눈물이 마르면
그때는 나에게도 웃을 날 있을는지

그때는 정말 정말 내게도
또 다른 세상이 보일는지…

세월 1

뺨에 스치는 바람 시원한 줄만 알았는데
스쳐 지난 후 더욱더 무덥구나
사람의 만남이 즐거운 줄만 알았는데
만나고 헤어지니 더욱더 외롭네
인연 속에서 닦아 온 사랑이 행복한 줄만 알았는데
잠시 그냥 바람처럼 스쳐 지나가니
인생의 덧없음이 더욱더 허무하네
수많은 세월 속에서
그냥 그렇게 스치고 지나간 많은 것들은
그냥 그렇게 아무런 느낌 없이 지나갔지만
연이라는 끈 속에서 나에게 묶여 지었던 매듭들은
내 머릿속 어딘가에 자리 잡고
고독과 외로움,
허전함과 슬픔을 남겨 놓은 채
아무 일도 없었던 듯

오늘도 그냥 그렇게 지나가누나

속물

세상에 참으로 얄궂은 운명을 가지고 태어났구나 하는 생각에
종종 잠 못 들고 뒤척이며 살아온
많은 세월 속에서도
무언가 열심히 노력하고 살다 보면
그래도 그 운명 속에서
조금이라도 위로받을 길이 있지 않나 하는 생각에
나를 지탱시키고 격려하며 살아온 듯한데
항상 순간순간 느껴지는
허무함과 삶의 비애
아무것도 아닌 허무 속에서도
발버둥 치는 내 모습
놓을 것도 잡을 것도
아무것도 없는 세상 속에서
놓지도 못하고 잡지도 못하는
정말 정말 불쌍한 자신
진저리치게도 그렇게 그렇게 살아오면서
매 순간순간 또 그렇게 그렇게 지나왔으면서도
아직도 놓지 못하고

미련스럽게 있는 나는 속물
정말 다 놓고 싶다
아니 이제는 놓고 싶은 것조차
없는지 모르겠다
내 자신이 남은 것이 없는데
가진 것이 없는데
모든 것이 점점 이별의 순간인데

나 그냥 편히
단 한 순간이라도 쉬고 싶다
아무 생각 없이……

발자국

세상이 하얀 눈으로 덮인 날
내 머릿속에서도 눈이 내리고 있었지

하얀 눈밭 위로 찍혀진 발자국
하지만 내 머릿속은 그저 황량한 눈밭
이제 누가 와서 이 눈밭에 자국을 남길는지
삶의 목적 삶의 의미마저
송두리째 집어 던진
지금의 내 삶 위로…

하얀 눈밭 위로 찍혀진 수많은 발자국
불규칙하고 난무해 보이지만
그래도 그것은 수많은 사람들의 흔적일진대

왜 오랜 세월 속에서 살아온
내 머릿속 눈밭은
모든 것을 지워버린 채
다시는 흔적을 남기고 싶지 않음에
몸부림치고 있을까

이제 그냥 다시는 녹지 않을
하얀 눈밭으로
영원히 남기를 갈구하며

이별 2

세월의 뒤안길
삶의 끝자락에서
이미 끊어진 연을 붙잡고 놓지 못하는 몸부림침은
못내 아쉬운
지나온 추억일까
고무줄이라면 이어라도 볼진대
새끼라면 꼬기라도 할 텐데
다시는 이을 수 없는
그대와 나의 갈라짐 속에서
통곡하고 애통해함은
의미조차 없음이란 말인가
텅텅 비어만 가는 이 마음
지칠 대로 지쳐가는 나
피폐해질 대로 피폐해지는 나는

어디로 어디로 가야 할까

눈물 2

쏟아지는 눈물
애써 참지 마세요
참을 수 있는 눈물이라면
애써 흘리지도 마세요
연약한 인간의
아픔과 슬픔을 승화시킬 수 있는 것은
오직 눈물뿐이랍니다
가슴이 메워지고 찢어지고 아파옴을
그래도 달래줄 수 있음은
눈물이 있기 때문이랍니다
실컷 우세요
소리 내어 우세요
통곡하고 우세요
그렇게라도 달래보세요
달래지지 않으면 지치도록 우세요
모든 힘이 다 빠질 때까지
그러면 지쳐
잠이라도 들 겁니다

착각

아플 만큼 아파야 한다기에
입술 깨물며 참아 왔네요
세월이 지나야 잊혀진다기에
긴긴밤 힘들게 보내 왔네요
이것도 저것도 되지 않을 땐
한없이 취해도 보았네요
아플 만큼 아파 보았고
지낼 만큼 지내도 보았고
취할 만큼 취해도 보았는데
남는 것은 아무것도 없이
처음보다 더 빠져드는 허무

세상은 처음부터 나를 위해 존재한 것이
아무것도 없었네요
그저 나를 위해 존재한다는 착각 속에서
살아왔었나 봐요
이제 그 착각마저 내 마음으로 인정해 버리면
나에게 정말 무엇이 남아있을까요
한 조각이라도 잡고 싶음은
아직도 남아 있는 미련 때문일까요

작야번민 昨夜煩悶

어젯밤의 나의 생각은 허상이었네
밤새 잠 못 들고 생각의 생각에 꼬리를 문 갈등과 번민은
아침 햇살의 창밖으로 사라져 가 버리네
왜 그리도 잠 못 들고 밤새 뒤척였는지
억울한 생각마저 들 정도로 한순간 사라지네
살아온 세월 속에 숱한 일들
그때그때 모두가 힘들었고 힘들었는데
그러나 그것들은 지난 일들이라
지나간 내 머릿속 일기장 속에 그냥 있을 뿐인데
지금은 그때보다 훨씬 행복한데
그런데도 왜 이리 힘들까
지난 세월의 아픔일랑
다시는 겪고 싶지 않은
정말 정말 겪고 싶지 않은
바람일는지

고목枯木

온 곳이 없기에 돌아갈 곳이 없네
황량한 거리에 홀로 선 나무처럼
가릴 것 없이 발가벗은 그대로
모진 풍파 몸으로 맞고 견디네
외로움에 쓸쓸함에 아니 그 단어마저
이제는 사치스럽게 들리네
감정도 메마른 지 오래되었고
슬픔마저 잊어버린 지 오래되었네
모질게도 끈질긴 것이 살아있음이라면
언젠가 비바람 시달리다
쓰러져가는 고목처럼
나 또한 떠나가지 않을지

빗속에서

저기 저 사람 빗속에서 우네요
우는 것 들키지 않으려 빗속에서 우네요
어깨를 들썩이기에 우는 것 아네요
하염없이 우네요
어깨가 많이 들썩이네요
너무나 가엽네요
무엇이 저리도
저 사람 울게 할까요
저러다 쓰러지면 못 일어나겠네요
그래도 저 사람 빗속에서 계속 우네요

이제 빗속에 묻혀 버리네요

인생길 1

터질 듯한 마음 추스를 길 없어
까만 가슴 부여잡고 몸부림쳐 보지만
속 시원히 해결될 것이 아무것도 없구나
왜 처음부터 몰랐을까
이 길의 험난함을
왜 느끼지 못했을까
인생의 가는 길을
실명하고 나서야
세상의 빛의 고마움을 알 듯
세월이 한참 지나
다시 되돌릴 수 없는 지금에야
나는 그 빛의 고마움을 안다

바보, 바보, 바보,
나는 영원히 바보다

공허 空虛 1

텅 빈 작은 내 마음 채울 것 하나 없네
넓은 이 세상 별의별 것 다 있어도
이 작은 가슴에 채워질 것 하나도 없네
뒤돌아보는 내 인생
그래도 살아오면서 무언가는 쌓은 듯싶었는데
하나 둘 무너져 내려 폐허로 변해가네
이제는 다시 쌓을 시간도 없는데
아니 쌓고 싶은 생각도 힘도 없는데
이 시간 이 공간에 난 왜 머물고 있을까
세월이 흐르면 정말 살아온 흔적마저도 없어질 텐데

오늘도 이 밤
또 내일 맞이할는지

흐름

한순간이 지나가네요
아무런 의미도 찾지 못한 채 그냥 지나가네요
지나온 세월이 그리했듯이 큰 의미조차 없이
다시는 내 일생에 올 수 없는 시간들이 지나가네요
미래의 시간도 이렇듯 지나가겠지요
굳이 인간들은 의미 없이 보낸 시간
큰 의미라도 부여하고 싶어
보람이 있었네. 귀중한 시간이었네. 하고 붙이겠지요
하지만 결국 다 지나 보내겠지요, 주어진 시간들을
주어진 시간이 다 지난 후
보람과 귀중함이 그에게 얼마나 위안이 될까요
정말 큰 위안이 될 수 있을까요

이승에서 위로 받지 못하기에
저승이란 이상한 그곳을
만들어 놓음은 아닐는지요

인생의 뒤안길

황혼이 깃든 어느 어촌의 조용한 바닷가
백사장 모래밭을 홀연히 걸어가는 이름 없는 촌부
어쩌면 낭만적이고 시적인 듯한 아름다운 풍경
하지만 황혼이 아주 깃든 후의 촌부는 어디로 갔을까
아무도 없는 이제는 영원한 동반자 할매마저 없는
쓸쓸한 바닷가 허술한 그 작은 집에서
하루의 피곤함과 덧없음에 끼니마저 거른 채
지친 몸을 차가운 바닥에
아무렇게나 내동댕이쳐 있는지도 모르겠지
아니면 천생배필 할머니가 지어주신 따뜻한 된장찌개에
오순도순 마주 앉아 여태까지 그래 왔듯이
소박한 저녁 만찬을 즐기고 있는지도 모르겠지
인생의 뒤안길
그런들 저런들 결과는 언제나 마찬가지일진대

서서히 사라지는
그저 이 세상을 구성해서 가는 한 조각의 구성체
그러다 사라지고 잊혀지고 버려지고 지워지는
그런 그런 것들
이제라도 기대도 욕심도 바람도 다 잊고 싶은데

과연 그렇게
그렇게 살 수 있을까

허울

너는 왜 거기에 그렇게 서 있니
나는 왜 여기에 이렇게 서 있을까

휘날리는 눈발처럼 허공에 훨훨 날아
이 세상 비웃듯이 이리저리 흩어져 보련만
한 발자국도 움직이지 못하고
그렇게 그냥 서 있는 세상의 모든 것들

그리도 행복한 듯한 가증스러운 모습으로
내면 속에 꽉 찬 그 무언가를
분출하지 못한 채
폭발시켜 산산이 부수지도 못한 채
마냥 처음부터 그 자리인 듯 그렇게
너는 거기 서 있고 나는 여기 서 있네

우리 언젠간 저 눈발처럼 세상을 비웃듯이
모든 허울 벗어던지고 바람의 흐름 따라
내 모든 것 산산이 부셔 내던져
너는 거기에 없고
나 또한 여기에 있지 말아 보자

공허空虛 2

이제는 아무것도 할 것이 없네요
아직도 할 일이 많은 듯싶은데
세상이 이제
그만 쉬라고 하네요
살아오면서 많은 일들을 한 것 같은데
돌아보니 별로 한 일들이 없는 듯싶네요
아직도 마음은 옛날이나 지금이나
그 자리인 듯싶은데
세상은 이제
나에게 쉬라고 하네요
마땅히 쉴 곳도 갈 곳도 없는데
마음을 정착할 곳이 한 곳도 없는데
오늘처럼 눈발이 휘날리는 날이면
무언가 그리운데
그리움의 대상조차 찾을 수 없네요

여태껏 나는 무엇 때문에 살아왔는지
이제는 정체성마저 잊은 채
나약해 가는 나를 바라보며 나는
나에게 이렇게 말하네요

너 참 측은하다고

마지막 안간힘

이제는 즐거움이 없을 것이라 생각하고 살았지만
마음 추스르기도 힘든 지금의 현실에서
자꾸만 겹쳐오는 크고 작은 시련들

한고비 한고비가 힘들거늘
언덕 다음 평지가 있을진대
내 생활에선 언제부턴가 계속되는 언덕
쉬어 갈 곳도 없이
거친 숨 몰아쉬며 계속적으로
멈출 수 없기에 올라가고 있지만
이제는 모든 것이 소진되어 가는 것을
누구보다 내 자신이 잘 안다

이제 얼마 남은 것 같지 않다
마지막 힘을 다해 힘쓰고 있지만
산꼭대기는 이제 기대할 수 없는 듯싶다
그래도 조금이라도 더 올라가서
마무리를 지어야 할 텐데

여기서 주저앉는다면
내 자신이 너무 초라하지 않겠나

조금만
조금만 더 해보자고
정복할 희망은 없지만
7, 8부 능선이라도
그곳에라도 가야
땀을 닦을 수 있지 않겠나!

세월 2

갑자기 허무해져 가는 내 자신을 바라본다
자신과 패기로 살아왔던 지난날들을
돌이켜 보는 지금의 나는 만용이었을까
무언가 하고 싶고
무언가 만들고 싶고
무언가 이루고 싶어
얼마나 많은 날들을 뒤도 볼 사이 없이 뛰어 왔던가
수많은 시련들 속에서도 지치지 않고 이렇게 살아왔었는데
왜 나는 지금 갑자기 이렇게 지쳐 가는 것일까
세월의 흐름 속에
나 또한 힘없는 노인네로 되어 가는 것인가
아직까지 그런 나이가 아닌 듯한데
왠지 가슴 속 깊이 화산이 폭발하기 전
뜨거운 용암 덩어리가 부글부글 끓듯이
무언가 끓고 있다

폭발을 하여야만 할까
아니면 그냥 눌러 놓아야 할까

바람

나 그냥 갈래요
아무런 욕심 없이
나 그냥 갈래요
아무런 미련 없이
나 정말 그냥 갈래요
처음 왔던 그곳으로

되돌아보면 정말 남은 것이 없네요

그냥 스쳐 지나온 바람이었어요

텅 빈 골프장에서

공연이 끝나고 텅 빈 무대 위에 선 배우처럼
시끌벅적한 시간이 지나고 텅 빈 골프장은
왠지 가만히 눈을 감으면 흐를 것 같은 눈물을 참기 위해
억지로 눈을 감지 못하고 뜨고 있지만
넓은 저곳 어디 한 곳도
내 마음의 위로가 되지 않음은
아직도 속세의 근성을 못 벗은
미련 속의 인간이기 때문일까
항상 그렇게 살아왔듯이
오늘도 그렇게 시간이 흘러간다
모든 것을 잊기 위해 무던히도 발버둥 쳐 보지만
치면 칠수록 더욱 더 떨칠 수 없는 외로움
이제 어둠마저 깔리고 나면
아무것도 볼 수 없는 어둠 속으로
또다시 내 마음은 무언가를 갈망하며 찾을 수 없는
그 무엇을 찾기 위해 오늘도 또 헤맬 것이다
나는 무엇 때문에 이렇게
무슨 미련으로 살고 있는 것일까?

아무런 목적도 의미도 없는 하루하루 생활 속에서
정말 지겹도록 지쳐가는 몸뚱이를
이렇게 지탱해 가야 하는 것인지…
모든 것을 던져버리고
이제 정말 내일이 다시없는 그곳으로
정말 정말 가고 싶다
그것이 지옥이라도
지금보다 못하겠는가

無

나는 이제 꿈을 꿀 수가 없네요
뜬눈으로 밤을 새우니까

나는 이제 행복이 없네요
행복이란 단어를 잊었으니까

나에게는 아름다움이 보이지 않네요
현실에서 눈이 멀었으니까

이제 정말 나에게는 남은 것이 없네요
다 잃었으니까

이 밤 조용히 되새겨 봅니다
나 살 만큼 살았다고

보따리

다시는 돌아오지 않을 마음에 짐을 싸 보지만
싸는 마음보다 다시 풀고 싶은 마음이
내 마음을 더욱 아프게 하네
지나온 세월 속의 흔적 그냥 버려도 될 텐데
애써 이렇게 싸는 마음은
그래도 세월의 흔적 속의 미련 때문일까
참으로 인생이란 이렇게도 힘든 것일까
마음의 내킴 없이 수없이 싸고 또 싸는 보따리처럼
풀어서 정리하고
정리된 상태 그대로 보며 즐길 수 없는 것이
인생인 줄 진즉에 알았더라도
처음부터 아무것도 없이 텅 빈 공간 속에서
내 한 몸뚱이 던져 버린 채 그냥 살았을 것을…
이제 인생의 마지막 터널에서도
다시 짐을 싸는 내 모습이 너무 처량해
오늘도 다시 한 번
눈물의 보따리를 주섬주섬 챙기고 있네

사막

떨어지는 낙엽을 보며 가을 속으로 묻히지 않음은
너무나 현실적으로 변해 버린 내 삶 때문일까
나도 언제인가 떨어지는 낙엽을 보며
가을 속으로 묻혀 살았던 시절이 있었을진대
언제부턴가 점차 변해 버린 세월 속에서
가을마저 느끼지 못하는 내 모습을 본다
너무나 고되게 살아온 세월 속에
흔히 말하는 살기 위해 그렇게 발버둥 쳐 온 시간들

옛 분들이 말씀하셨듯 세월이 지나 먼 훗날
인생은 아무것이 아니라는 그 말을
이제야 조금은 알 것 같은데
역시나 오늘도 현실의 벽을 깨지 못하고
아등대며 살고 있는 나는
정말 불쌍한 놈일까

아무것도 남을 것이 없을 텐데
왜 이리도 발버둥 치며 살고 있을까
이것이 내 삶의 돌파구가 아닐진대

이제라도 떨어지는 낙엽을 바라보며
한 구절의 시처럼
마지막 남은 잎새를 바라보며
가을의 정취에 흠씬 물드는
그런 남자가 될 수는 없을는지…

아프다

멀리 보내고 싶지 않기에 가슴 속에 담았네
이별하기 싫어서 머릿속에 담았네
끊임없이 헤어지는 허전함이 싫어서
모질게도 입 밖으로 뱉은 말 한마디
너에게는 상처가 되겠지만
나에게는 창자를 끊는 아픔이었네
참고 견디려고 무진장 애써보지만
너무너무 힘이 드네
세상이 우리를 갈라놓더라도
사랑한다는 컬러링이 귀에 쟁쟁하건만
아무 생각 없이 텅 비워지는 가슴에
다시 한 번 채워 본다
그대의 모습은
너무나 그리운 너와 나의 작은 공간

하나님 그 사람에게 행복한 길이
내가 있음인가요, 떠남인가요
간절히 기도해본다

하지만 그냥 아프다
죽고 싶을 만큼

바보

바람이 내 뺨을 스치고 지나간 그날
그녀는 마지막 이별조차 남기지 않은 채
조용히 아니 아무 소리 없이 떠나갔지
지내 온 많은 추억들 한 조각의 미련도 없이
그렇게 그렇게 가버렸지
홀로 남은 나 아무런 생각 없이
그저 속절없이
이 자리에서 멍한 채…
한마디 말이라도 있었다면
변명이라도 했을 텐데
마지막 가는 모습을 보여만 주었다면
잡아 보기라도 했을 텐데

한순간에 찾아온 이별의 순간들을
이해하지 못한 채
아직도 이 자리에 서 있는 나는

그냥 그냥 바보

나와 나

방황의 늪에서 빠져나오지 못한 채
계속적으로 빠져 들어가는 내 모습을 내가 쳐다보면서
무척이나 측은하면서도 불쌍히 여겨보지만
어떻게 꺼내 줄 길이 없어 보임은
그 또한 나이기 때문…
내가 내 모습을 보고 있다는 것이 이상하게 느껴지지만
행하는 나, 보는 내가 똑같은 나
이중적인 것은 생각과 행동이 따로 행해짐일진대
아는 것 같으면서 행하지 못하고
행하면서 후회됨은
의지 또한 연약함 때문일까
고독과 슬픔이 깊기 때문일까
그저 배고프면 울고 배부르면 잠들 수 있는
갓난아이가 부럽다

이제는 다시 돌아갈 수 없는 시절이기에
이 또한 계속적으로 반복되는 생활 속에서
내가 나를 다시 찾아봐야 되는지…

상처 받은 마음

붙잡을 수가 없기에 보내야 했고
견뎌야 했기에 슬퍼지는 순간들
세상의 정해진 틀 속에서
목 놓아 울어도 보지만
남는 것은 상처 받은 내 마음뿐
그래도 잃은 만큼 찾기 위해
오늘도 또 시작해 보지만
오늘만은 상처 받은 내 마음
조금이라도 달랠 수 있을까

황혼

사는 것이 그냥 그렇네
무거운 지게 둘러메고 뒤뚱뒤뚱
산길 돌아 힘들게 내려오니
서산에 해는 뉘엿뉘엿 저무네
이제는 눈 감을 시간
뉘라서 힘든 지게 거들어 주겠냐마는
그래도 길동무라도 있었으면
조금은 나았을 텐데

아쉬운 마음에 지는 해 바라보며
한걸음에 담배만 벗 삼는구나

마지막 잎새

비바람 몰아치는 허허벌판
저곳에 홀로 선 고목 한 그루
모진 비바람에 쓰러질 듯도 한데
그래도 버티고 서 있음은
지금까지 살아온 세월의 연륜일까

지나간 세월 뒤돌아보면
가지마다 풍성했던 나뭇잎 그늘로
한여름 무더위 속에 대지 그늘을 주었고
아름다운 꽃들은
보는 이로 하여금 기쁨을 주었을진대
이제는 앙상한 가지에
몇 안 되는 잎새만이
아직 살아 있다는 것을 보여줄 뿐

언젠간 몇 안 되는 잎새마저 떨어뜨리고
대지의 한 줌 흙 속으로
동화되어 갈 시간
무성했던 꽃들은 열매라도
남길는지…

죽음 1

사방의 어둠 속에서 들려오는 메아리 같은 음성들
아이고 아이고 이리 가면 어찌해…
내가 왜 이 자리에 있을까
곰곰이 생각해도 내가 있을 자리가 아닌데
왜 사방은 어둡고 메아리 같은 음성만
이제 내가 세상의 빛에서 사라지는 순간일까
정녕 내가 떠나가는 순간일까
이것이 꿈이라면 모르겠지만
현실의 세상 속에서
영원히 사라지는 저승의 문턱일까
칠성판에 놓인 내 모습이
저 아래 보인다
정들었던 사람들의 모습이
저 아래 보인다
세상에 태어나 참 많은 인연 엮어 놓았네
부질없이 떠나는 몸
왜 이렇게도 엮어 놓았을까
한 많은 내 청춘 노랫가락 들리네

덧없는 내 인생 푸념 섞인 낱말들
이제 한없이 떠도는 구름 속으로
이내 영혼 던져지니
못 다했던 기억들
후회한들 무엇하리
흘릴 눈물마저 느끼지 못하는 이 몸
흙 속에 묻히는 내 육신 바라보네

겨울밤 1

살아있다는 것이 행복인지 불행인지도 모른 채
오늘도 서산으로 해를 넘기며
힘없는 발자국 내 작은 안식처로 향하네
아무도 반겨줄 이 없는데
그저 텅 빈 곳인데
왜 나는 이곳으로 발길 재촉하는지
지나온 세월 다가올 세월
이제는 나에게 별 의미조차 없는데
오늘 밤도 긴긴 겨울밤
얼마나 뒤척여야 잠깐이라도 눈을 감을 수 있을는지
또 내일을 다시 맞이하는 것이
나에게 무슨 의미가 있는지
이제 정말 조용히 잠들어
과거도 미래도 없었으면 좋으련만

울타리

삶이란 울타리에
나를 가두어 놓은 채
나는 오늘도 그렇게 사는가 보다
탈피하고 싶은 마음에
방황하는 마음에 뛰쳐나와 보지만
그냥 뱅글뱅글 돌다가 또다시 제자리
아니 내 자신이 울타리 속으로 다시 들어가 있다

왜 이리도 바보가 되어 갈까
아무런 희망도 없는 삶 속
내가 나를 사육하고 있는
참으로 더러운 모진 인생

이제는 포기할 의지조차 없이
나를 버리려 한다

삶의 굴레

삶의 테두리 속에서 갇혀 사는 인간들
누가 삶의 굴레를 씌우지도 않았는데
자신이 그 굴레 속에 들어가 벗어나지도 못한 채
한 세월 보내네
삶의 굴레에서 벗어나 자유로운 영혼으로 살아가는
몇 안 되는 이들을
사람들은 흔히들 또라이 또는 미쳤다고 하지
심지어 비정상으로 사는 인간이라며
그 사람들의 삶을 손가락질하지
하지만 돌아서서 하는 이야기…
모든 것 다 내려놓고 인간의 굴레 속에서 벗어나
자유롭고 싶다고 하지
과연 누가 비정상적으로 세상을 살아가고 있으며
누가 정상적으로 세상을 살아가고 있는지?

허물고 버리고 지우고 잊으려 해도
벗어나지 못하는 굴레 속에서
한 세상을 보내도 자유롭지 않으련만
쌓고 줍고 쓰고 기억하면서 살다가
언젠가 마지막에 다 놓으며 하는 말…

인생 별것 아닌 것이었네
한 모금의 담배 연기처럼 그렇게 헛되다 하네

내 삶, 그것은 정녕 내 것이 아니었을까?

겨울밤 2

세상은 어두워지고 눈보라 몰아치는데
내 발길 갈 곳 찾지 못한 채 방황하네
밀려오는 적막감이 산골짜기 휘감고
세차게 부는 바람 더욱 을씨년스럽네
마음의 공허함은 자연 속에 흡수된 채
차가운 겨울밤은
무정하게 깊어가네

나의 인생사

속절없이 흐르는 시간 속에서
끊임없이 돌고 도는 세월
부단히도 찾으려고 애쓰는
나의 인생사에서 찾음이 없기에
허탈한 웃음 지어보지만
누군들 이 내 가슴에 감추어진 사연을
알 수 있을는지

그저 잔잔한 미소는
저 넓은 호수의 잔잔한 수면처럼
그렇게 세월과 함께 흘러가지만
한 조각의 나뭇잎으로도
파문이 이는 호수처럼
이 내 가슴의 인생사도
조용한 미소 속에
파문이 이네

인생길 2

세월이 참 많이 지났네요
어떻게 흐르는지도 모른 채
그냥 이 시간이 되었네요
덧없는 세월이라 말하기엔
너무나 많은 것들이 머릿속에 남아있네요
이것이 추억이겠지요
누군가 추억은 아름답다고 하였건만
나에게는 그저 아픔이네요
가슴이 아프고
생각이 아프고
심장이 아프고
모든 것이 아픔뿐이네요
이제 참고 살아가야 되겠지만
살 수 있을지조차 모르겠어요
하루하루를 보내기가 정말 힘들겠지요
어떻게 보낼 수 있을지
그저 막막하네요

이렇게 이렇게 지내다
정말 지쳐 버릴 것 같네요
일어날 힘조차 없이
기댈 것 하나 없이
그냥 그렇게 쓰러져 버린다면
여태껏 살아온 내 인생이
너무나 가엾겠지요
남들도 다 걸어온 인생길이었을진대
나만은 아니리라 생각하며 걸어왔던 그 길
이제야 깨우쳐 보네요

내 자신 결코 그 길에서 벗어나지 못하는
한낱 미물에 불과하다는 것을…

삶의 풍파 속에서

아 내 삶이여
영혼의 물결 속에
흘러가는 내 삶이여
때로는 거친 물결
때로는 그 잔잔함
내 삶의 의지와 전혀 상관없이
흘러 다니는 내 삶이여
그 물결 속에 띄워진 작은 돛단배
그 돛단배에 내 삶 의지한 채
한 세월 보내려 했건만
그 돛단배 산산이 부서져
흔적조차 없어져 버린 날
불쌍한 내 삶
거친 풍파에 휘말려
영혼의 물결 속에 사라지네

나의 갈 길

언제나 한참 달리고 달려왔다고 생각했는데
항상 그 자리
숨이 가쁜데 심장이 터질 것 같은데
너무너무 아픈데
다 잊으려고 그렇게 그렇게 뛰어왔는데
죽을 힘 다해 이제는 뛸 힘조차 없는데
나 어떻게 해야 하는지
정말 마지막 남은 그 길로 가야 하는지

하나님
이제 정말 당신에게 두 손 모아 간절히 바랍니다

나의 갈 길은 어디인가요

기도 祈禱

하늘에서 비가 온다
정말 을씨년스럽게 비가 온다
무엇이 그리 급한지
마지막 남은 낙엽마저 떨어뜨리려 재촉하는 듯

비 때문일까
마음이 가라앉는다
교회에 왔지만 오래 있지 못하겠다

하나님, 나는 무엇 때문에
당신의 성전에서
참되지도 못하면서 기도를 드리는지요
거짓과 허세
갈등과 번민
위선과 가증 속에서 살아왔던 나
지금도 아니 내일도
그렇게 살아갈게 뻔한데

지금도 이렇게 가여운 듯
내 자신이 측은한 듯
가증스러운 모습으로
죄를 용서해 달라고 기도하며
위로받고 용서받으려 합니다

아버지 정말 제가 싫고 밉습니다
언제까지 계속적으로
이렇게 살아갈까요

오늘도 정말 간절히 간절히

바람이 무엇인지도
모르겠습니다

빈 손

외로움이 눈가를 적시고
고독함이 가슴에 머무네
공수래공수거
빈손으로 왔다 빈손으로 간다고
흔히들 얘기하지만
빈손으로 온 것은 분명한데
갈 때는 빈손이 아닌 듯싶네
세상의 모든 시련
살아온 세월 돌이켜 생각하면
얼마나 많은 고난의 연속이었던가
즐겁고 행복한 시간보다
훨씬 더 많았던 고통의 시간들
세월이 지날수록 더 많은 세파 속에서
속고 또 속으며 살아온 인생
가지면 가질수록
더욱더 커져만 가는 허무함 속에
끝내 죽음의 순간까지도 못 떨치고 가는 불쌍함

빈손으로 왔다가
상엿소리 들으며 모든 고통 짊어지고
외로이 떠나갈 때
그제서야 알겠는가

인생은 빈손으로 왔다가
빈손으로 가는 게 아니라
외로움과 고통 속에서
그렇게 간다는 것을…

인생 人生

人生의 뒤안길에 서서 바라보는 내 모습은
너무나 초라하기에 할 말조차 잃은 채
왜 이렇게 살았을까 하는 후회 속에
주마등처럼 스쳐 지나간 과거

너무나 많이 지나온 현실에서 넋 놓아 몸부림쳐 보지만
돌이킬 수 있는 것은 아무것도 없다
현실을 비관하는 것은 아니지만
이제는 삶의 목적을 잃었기에 새 희망이 없다
아니 설혹 있을 수도 있겠지만 찾고 싶음조차 없다

그냥 지내온 세월이 그랬듯
또다시 오는 세월
그렇게 갈 것이라는 체념 속에
하루하루 보내련다
찾으려고 애쓰면 애쓸수록
더욱더 커져가는 공허함과 상처는
이제는 더 이상 감당이 어려워져 간다

인간의 한계 끝 점에 와 있는 듯
몸과 마음이 지칠 대로 지쳐
모든 것이 탈진된 상태에서
그 마음을 다스릴 수 없음을
이제는 깨달아야 할 것 같다

더 이상 아무것도 없음이
차라리 나를 달랜다

후회

인생의 무한궤도 속에서 쳇바퀴 돌듯이
계속 돌아가는 삶 속에서
어느 날 갑자기 찾아온 견딜 수 없는 공허감
떨쳐 버릴 수 없는 공허함 속에서 느껴지는 우울함
삶의 근본 속에서 재차 나를 조명해 본다
잘 살아 왔는가?
잘 살고 있는가?
잘 살 수 있는가?
지난 과거와 현재는 그래도 약간은 알 수 있건만
미래는 예측하기조차 힘든 불투명 속에서
희망과 절망이,
행복보다는 불행이
나를 엄습한다
뒤돌아본다는 것이 그리 쉽지 않은 현실이기에
인간은 과거를 뒤집어 보는 것 같다

연약하면서 그것조차 모르고 사는 인간들
미물보다도 더욱더 연약한데
어느 날 그 진실을 알고만 나는
이제 무엇을 할 것인가

그래도 또 살아가야만 하는 나는
한낱 속절없는 세월 속에 흘러가는
그저 그러한 미물인가

죽음 2

저기 한 사람이 가네요
중얼중얼거리며 한 사람이 가네요
무슨 할 말이 그리 많은지 중얼거리며 가네요
뒤도 돌아보지 않은 채 요단강 향해 가네요
잘 가세요
이제 더 이상 중얼대지도 마시고
뒤는 더더욱 보지 마시고
그냥
지금 가듯이 가세요
참 고생 많으셨어요
이 세상 태어남이 고생이랍니다
이제 홀가분하게 세상 미련일랑 다 던져 버리시고
실오라기 하나 남기지 마시고

가던 길 그냥 가세요

윤회輪廻 2

지나온 세월 하도 서러워
하늘 보고 소리치고 땅을 치며 통곡해도
가슴에 뭉친 응어리 풀어질리 없건만
답답한 마음 풀지 못해
멍한 눈 그저 허공만…
세월의 뒤안길에서 스치고 지나간 인연들
생각나는 한순간 한순간이 바람처럼 흩어질 때
이것이 허무인 것을
이것이 인생인 것을
이것이 업보인 것을

이제야 윤회의 테두리에서 머문
나를 찾아보네

세상은 나 혼자

사람이 살아감에 겉으로 보이는 것이 다 아니거늘
병원에 가는 사람들만이 아픈 것이 아닌데
무언가 사방에 돌파구 없이 다 막힌 듯한 그런 심정
답답함에 숨이 막혀 죽을 것 같은 지금
갈 곳이 없다. 가고 싶다. 소리치고 싶다.
세상의 모든 것 다 내려놓고 미친 듯이
아니 미쳐 버리는 것이 나을지도 모르겠다
세상엔 내가 있으나
나의 존재감은 사라졌다
존재감 없이 하루하루 살아가는 시간의 연속 속에서
서서히 시들어 가는 풀잎처럼
이제는 생동감마저 나에게 멀어지고
행복, 기쁨은 나에게
사치스런 단어로 되어 버린 지 오래된 듯싶다

순간순간 그저 모든 것을 잊기 위해
현실에 매달려 보지만
갈수록 밀려오는 그 아픔은
나만이 가지고 가야 하는 나의 몫
나 떠나는 날 모든 것 내려놓는 날

그날도 세상은 나 혼자일 것이다

서평

목숨같이 사랑한 아내,
피를 吐하며 부른 노래

사람이 살아간다는 것은 의미 있고 멋진 것입니다. 때론 질곡과 고통의 길이지만 뒤돌아보면 아름다움과 기쁨의 일이기도 합니다. 더욱이 사랑하는 사람과 함께 한다면 더없이 행복한 일일 것입니다. 비록 모든 사람들이 부러워하는 그런 화려한 삶이 아닐지라도, 가까이 있는 사람과 사랑을 나누고, 나를 필요로 하는 사람에게 작은 정성을 보낼 줄 아는 그런 삶이 멋진 삶일 것입니다. 박득용 회장님의 삶은 화려하지 않은 인생역정일 수 있습니다. 그러나 작은 것들을 아름답게 하고, 약한 것들을 강하게 하는 힘이 있는 사람입니다. 인생의 그 힘겹고 버거운 질곡의 역경을 극복하고, 삶을 개척하면서 일궈낸 오늘의 삶의 모습은 잔잔하지만 많은 여운을 남기고 있습니다.

일에 대한 집념과 최선을 다하는 열정이 오늘의 그를 있게 한 원동력이라고 할 수 있습니다. 그런 그가 어느 정도 사업의 성취를 이루고, 가정적으로도 안정을 찾았을 때, 예기치 못한 사태를 맞게 되었습니다. 어려운 시련들을 함께해 온 부인이 그의 곁을 훌쩍 떠나버린 것입니다. 그가 어떠한 일을 시작하거나, 어려운 처지에 이르렀을 때, 늘 따뜻한 손을 내밀어 보듬어주고, 용기를 주었던 사랑하는 아내가 하늘나라로 떠난 것입니다.

누구에게나 그러하듯이, 그에게 있어 아내와의 死別을 숙명이라고 치부하고 넘기기엔 너무도 안타깝고 가슴 아픈 일이 아닐 수 없습니다. 그러나 그에게 있어서의 아내는 또 다른 안타까움으로 남아 있습니다. 몇 차례의 경제적 난관을 겪으면서도, 오롯이 스스로를 지탱하면서 재기의 발판을 마련한 뒤안길엔, 늘 산소 호흡기를 하면서 휠체어를 타고 움직이는 아내의 희생과 정성이 있었기 때문입니다. 아내를 떠나보내면서 나 혼자 어떻게 살아가느냐며 통곡하며 울부짖던 그의 모습이 눈에 선합니다. 마지막 가는 길을 배웅하고, 실신해 쓰러진 그를 보면서, 정말 아내를 자신의 목숨처럼 사랑했구나… 하면서 내 자신을 돌아보기도 했습니다. 그리고 아내가 떠난 지 벌써 6년이라는 세월이 흘렀습니다.

그런 그가 갑자기 시집을 내게 되었습니다. 비록 정형

되거나 세련되지는 않았지만, 그 어느 시인의 작품보다도 진정성이 담겨있는 글이었습니다. 그냥 詩라고 넘겨버리기엔, 너무도 절절한 마음이 녹아들어 있어, 읽는 동안 내내 가슴이 먹먹해지는 것을 느끼기도 합니다. 세상 그 어느 글보다도 절실하고, 피를 吐해 낸듯한 그의 글을 대하며, 그리움의 고통 속에서 깨닫는 삶에 대한 관조를 배울 수 있었습니다. 가슴이 뭉클하고, 콧등이 시큰해지면서 눈물이 흘러내렸습니다. 그의 마음속 깊이, 지금도 아내를 사랑하는 마음이 온몸으로 느껴졌기 때문입니다.

그는 죽음과 아픔, 공허함과 이별, 눈물과 어떤 회환까지, 가슴속에 있는 모든 것들을 꺼내어 기억과 흔적, 그리고 生이라는 세 가지 단락에 담담히 묶어 놓았습니다. 그의 가슴속에 담긴 모든 이야기들이 녹아 든 《나 당신 묻고 아직 밥 먹고 사네》는 우리 모두의 이야기가 될 수 있을 것입니다. 살면서 번민하고, 세월의 흔적을 되돌아보며 후회하고, 때론 삶이 버거워 몸부림치며 살아가는 우리의 삶, 그 자체일 수 있습니다. 그럼에도 불구하고, 그의 글이 가슴에 녹아드는 것은, 단 한 치의 거짓이나 꾸밈없이, 그의 마음 속 깊은 곳에서 전해지는 그대로의 진정성이 담겨있기 때문입니다. 목숨같이 사랑한 아내를 떠나보내고 부른 그의 노래는, 하늘나라에 있는 아내에게도 더없이 진한 감동으로 전해질 것입니다. 보낸 아내에 대한 그의 애달픈 그리움과, 이를 노래한 시는 지금 한 시대를 살아가는 우리에게, 가족, 더불어 가까이 있는 분들에 대한 진정한 사랑이 무엇인지를 일깨워 줄 것입니다. 또한 삶의 진정한 의미와, 이에 대한 관조에 대해 생각해 볼 수 있는 계기가 되리라 감히 말씀 드립니다.

한 여름에도 피어나는 이름 모를 들꽃의 향기가 주위에 잔잔하게 드리우는 것처럼, 이 책자에 실린 시의 향기들이, 잠깐이라도 우리들의 삶을 다시금 생각하게 했으면, 하는 바람을 가져봅니다.

2015년 9월 어느 날
(현) 헌법재판소 헌법재판관 **안 창 호**